famous pornstars

WORD PUZZLE BOOK FOR ADULTS

FLICKIFICK

works

TIPS

Each puzzle has at least 3 names

There are 185 female names, look first for those you already know

There are 7 male actors names hidden as well

Write down names you didn't know and check their productions!

M Q J L V H R D A L F S U B S
C C T D I F D U L B D E O O L
U K T N J L Q O C D V R T I L
D C M J M U R L I Z J U P V A
L E N A P A U L K K V L F D F
K E A G R R U F Y L A L S E N
L M V D M C C H M N E S C G M
K T N K M M M P A C M I R B U
G E J Y M F U R Y A K C L H T
K R H E T I H W A L E G N A U
Y U I D I O A S C S T I A N A
O F R B A U F W Z M Y M G W R
B G S D T J H J X N Z U F A M
U A E J I S E O A D Q I P C D
Z S L I H H P W T R B W Y T I

T A O H K G F F L A M W A A S
M Z B T T Y B L A I L U R V I
C L H E D Z Z H O P O O Z A R
N I C O L E A N I S T O N A M
L R G I P L I V Y U B C A D E
I M U J G G A Z P J U L Z D Z
G D H I S R H D V B I F C A K
T F V X F J D W A S U H T M L
Y A J A R A S G A N N L L S H
W K R G X O V A M R G F B I U
F J X Q X W N A X T L E X K B
S Y Y S B N Z T R D G Y R G H
M G T V C B P T Z Q M L D T S
E V I C Y Z N S V R Z E C X H
F C W X F Y B Z D X C S Z M F

N M G Y J W N T M R L K L I R

H X G A Q K T N I Q D Q P T O

V M R K B M A L W Y Z P J G M

K I H D L B E I Z E A M G K K

O M Z L B Y I J M N S E P D E

R Q D D R I A E A F I Q R Y N

G P U E V I N N C U M K K D D

W N I P Y K I A W A J W P L R

X D X B Q T X H X L R S F K A

P Q U X N O J Z J F Q T S Y L

L C A E G D M U L I Y N E V U

Q V L L O E K U T D A K Q R S

K A Q P F R I E U J G T G L T

V S L F T Q O M H D U X D M J

C H E R I E D E V I L L E J F

I F Z V I T Z F Y R R O S Q N

B F G M B V V Y V M P Q J W R

W N B M V V V F I K Y H E S S

T V J D L Z L N N X E V N N I

T K L G I Z B M O J O P Z S D

N Y X N S P K O S L W M B A Q

D L B E R Q N Y I I D B P O V

E M M A H I X D D X L F Q N T

X X W R V L N M A P R H H O Y

J U E E Y A S T M U P G V T O

X K R Z R E G L E T Q E I J P

Z Z D B E U K X D F H Z Y C Y

B S B M M T G G Q E K R T T H

K S B G G I X X A V X L E P L

S T W V B S I N W N G B Y U H

J A N I C E G R I F F I T H S

V W L R J H W X M S J C Y L A

J Z X E V K J G N N Y G Q Z R

D W L Y X L A E N S I Z X A A

Z M H N V I D A R V E E R P H

Q K F M U X S J N O O W V L B

R M K P O U X F F Q A U X S A

L S T L Q F H D A H O S R C N

W U Z C N G I W W W H G N B K

N K M C X A S K G I X E J N S

F O F C L H E I U M X I P U A

E O S E D Q V A G L W R H T E

J O D M H O D T U H M M T G M

D D K A S C Q J Y W E N I H N

V P L O M L M U W M Y X O N U

D E P R Q F K M B T S N G Q Q

G Y L C Y R F Z R R I P H H E

D W K S O Z L J E S N W G T S

B Y H L A Y B Y P W G X B G A

E Y Z B P J M Q R L K Q E U P

U X M G W T E T A X H Y C G G

I R R T E T U A H P N Y R M J

M K P L J Q Q G N T S W D L R

A Z O J S X M N O K L J W Y Q

T I W O E A S N I C J R V R F

V P U S S T E L L A C O X M U

J Y H B W U T A L G F F T A A

N Q B H X G E B I O Z H E Z I

N U J X X M C N D Z E V H V Y

M P O K R N L Z K E B R Y Y A

7

A L F U W Y S T Z V S U W K O

D P I B A I L Q G E S U J F Q

E D W T D X N U T W C O B P O

R A J P T S B G J T G Y R V V

E N U M R L A I X O I Z I L L

J I Y O N Y E A L Y Z O F X P

B D E V N K B C O F L V Q T K

L A M F Z X U L A E E U Y Y C

C N U Z J L X T T P A U C N V

G I J E R J X S Z J R I K Q I

W E R M D T T M B S J I P V F

T L E G V A O F A B N N C O E

E S T U R Z O R F O N U B E S

C E Y R H A N L Y U P J Y Q Q

U P C E R P M I Q Q V Z X O C

K P J W E E O A X C J S F I O

Z L X I J F W C T L D Y K Z J

E B G D E H E A R K Q H G W V

M V A E B I N X N D W I F I S

P G M E T E G W K Z Y K S Q J

D T E I F R R G Q G L M K L K

C C E F A X A M Y G C F B I V

E U L V O M Y T Q J W I L K M

R J E B Q M A S Q G T B T D Y

H A N N A H I L T O N C P L M

M B X Y U F E F K A S J S K C

Y Z Z M S I J I F O W R S I X

R S Z J F W L L A J V I W Q Y

M Z P I S I W Z T K M A X S P

T T R Q D G K Z Y X N M W V V

L K R A E Z V A V G O I S A Q

T B X C N Q U V J L T C D J Y

A R R A B I A Z I L E R Y O X

V H V J K S H B L Q I O G B J

B A A H L R Z E U A E G N M W

B Q T N Q D M G N C W W P D D

G Z K C R G M A N I F A B H V

D F V M M U C H G L D V I M R

S R Q Q Q H T O J O V P W R Z

Y P J M E U D E R W W I A M L

M D N C J B O A G O L Y R O Z

X E H L N Z I B Q I Z I G V M

A I Q G O W L K T N A Q J N M

K H W N E K H N W M W P K M Z

N K Z M M O Q K L R T Z W B V

Q X X A C I Q X S W T I G I N

N P Z S S K N A S K I U D A L

U N K Z F Q R I G H C S T F U

Z K A N K I L D D S P A T U Z

L M E O K G G P G N L O I K A

Z E G A N F T Y R I A G M J A

E D A J Y E L R A H S B S O L

A S L P B H M S H W L N A A I

A I G T O J T T P X U I R I M

R X V W J A J E Y Z E D F Y M

B H L H R B J C Y J R T O I Y

V C V R H M G X M Z U M M Y B

N G F Y J R P B E V K C A Q N

N Q K K I A C X H X K N J N I

R G U Y U I P L V W J J T G W

J U E C J U R L Y L T I E K A
D E E W I L L I A M S G M G K
R J U C Z R R U W I X G C J V
Q D A P L K I X D I P F D W L
Y Q X M E M S L O E T N R D I
S Q U W E X X R R O B Z E Z B
I A Z X O S C O B Q P X V A O
W U D N E A D I J T H Z N X B
C K Y V L G O E V V S Y Q S J
L D J Y H F G Z E S I B L V T
W X M B Q R M T Q N R M S T J
T E M E K B I M H E X F V S C
R K A Q W U I U O Q Y P O P L
I X C S K H M D U M C W A S W
O F L W G K L J K C B Z N B P

Q P Q F A Z D C W B M B P G X

C G A R O U B A O R B F R I N

E D J I K T W B A C U P S A U

N D V L X K B B A R R T N N Y

F Q R Y S I T S C O J P H N U

R A G Q S F K L H U H B T A S

X H B T C Z T V N V K V X M P

K A A N N I U Q R E L Y K I T

Z R O T K A R B U C I S D C H

R A V K B J F K X N V O P H C

M V K B S U R C E Z U B V A R

A T W Q C W O J Q M N K Y E H

B C F P Z I W C N T W L M L D

Y M U E J E D A J P X W T S E

L Y R C M K V J V D O O I X S

J Y X N W V U T Y A Q O C V F

K J I A P Y J U U V Q P R X Q

D R Q T P N L G X B M H M F P

E G I A A Y U E Y V R F Y R X

M N E S Z S N I S Y N N H O J

E J Z H T B V N H F H O I R M

L N A A S E K N E V N F U G S

N P M N X W N A G P W M B X R

Q E X I S U Y S P W K Z D U K

S Z N C I S H L C Q X S Q C S

S K Y E X H K I C O Y A B Q K

T V J Q U L G Y G B T O V O Q

T Z C H H X Z X W H S T K N W

Q A Y J C A B V M M V E V T K

T K G J P T V K Q S Z Y B E O

K X U F H Q Q V G T T G S J D

R I X K H P H B Z T J M C P Q

T T R U V Z S C P Y B I D S B

X E N A E F J A S U M R U K Z

H Z Y E N M H M Q M Y E L X I

G U H Y B O A K P Y Z L I G L

X Q M K G D I F L B H O D R I

V H Z R A I M R M B V H F Q W

A S F X E E M T U X T P I C W

L R E T L E X I L U N A F A J

S L H A D M D D Q O N M M P T

A Z P O H K O E G I M P M L C

K M E T W Z P H F J I N N W A

I O J V B A B I W C A N M W Y

F K P M M Z U O T Z O Z O M M

H G D H O I K P T J P K I R X

E E I H T G Z J M P N S C E N

U O L F Y R F U S H D O J V D

L O L I G G O N S F D Y O U A

B H I W U D G N I W D B O L D

E P O F Y Y N K A S T T E Z K

Y L N R M D Y N G N I X F K O

K S C K D W N B Z G I Z Z Q I

S X A Z R E R C E S M N P X I

J D R G U U S B T U V T N U W

T M T I B T B E E D C O K L I

P H E E M N X V W K Y E G O W

O D R Z M A E W K Y X O T S K

E X N J S H O P G O L A W C W

A F I L A H K A I M I U E F J

J K L L P M E B B S L F L K E

Z M Q Y T H C R A K B T I H Y

G S O U V W S N O Y Z S D G L

K D H J O X Y O G L F M P X Z

W J D A Z A X H N A I Y M E G

X S M O O L O F Z R I X K F L

T C T L K J U W U V N Q E N U

Y L S J N Y B C T O Z C G L J

S E H S I J F P I X A K B O R

N R A T S A N U L E A P U S S

E M U L H I S Q J P W T B M E

L F V Y B U Z L C I Q I U H L

R T G Y F H L J E Y C Y L Y Q

U G G F T N A M L F D W O D O

E P Z O O P Y C W B N M O T E

A W E V I E N D Z Z G E X A Q

H R R M J D I G E U O Q X L V

G H E B B E W J A R U W X E H

X O O R K D G O N M V Q O X H

S W J Q R T B O G T N Y F G J

I A A S H E M U C O Z J D R Q

E P S R V I F U Q C C K N E L

U Z G H S S P A P K O O O Y V

V J H L A M N L L Y Z Y M P G

X W E Z W G D F F L X D A E V

U K J V X K R E V Z E G I R G

C F F U H G P E L E N I D E V

X T O O E T E D Y U I M R L E

B A I L E Y B A S E F Z S A I

N E B W I R A P K Z X Z J Y L

D G K B L H L U H S K B B F M

Z I F C H D Q S Q L R W O X X

N B A A A K O Q Q I A A N X G

F I J M V L S Q T K Z U N Z U

V L W X O L B N C U J P I F Z

L P Y A C N E I T I L B E F A

H A I A J Y D Y R J T D R A F

K T J R A Q H J K O X E O F F

X C F M I L Z F A P T H T S N

L N B A P G F W P C D H T N J

Z E R G X I R D U G K Q E F U

R T W R D U T N Q N A S N J F

S M A D A Y E L H S A T O R O

R R N L R R R B E Q P T R N M

C M G S V A I M V P E Q Q Q E

```
I  B  S  W  T  E  X  I  T  A  M  K  A  F  E
P  A  K  U  P  G  E  A  C  N  G  L  G  X  K
R  D  V  Z  K  G  Q  L  J  E  E  Q  R  W  A
Z  P  C  Y  B  Q  L  Q  N  X  X  I  O  K  L
U  M  W  N  R  Q  L  F  I  O  X  R  R  J  B
G  H  R  D  H  N  F  S  Z  E  R  P  H  E  X
O  G  C  L  W  L  C  I  L  O  I  A  A  H  E
F  D  H  R  R  R  A  E  Q  H  B  N  H  K  L
R  W  Q  Y  Y  T  W  D  D  I  C  B  T  S  A
P  A  C  S  L  O  R  E  K  L  P  J  T  G  V
Z  D  T  P  H  H  I  X  A  F  K  K  S  U  C
I  A  B  X  M  U  L  B  Z  L  E  W  E  J  G
L  L  O  K  Z  U  B  U  M  Q  Q  T  X  U  G
D  G  O  T  I  X  B  B  G  T  A  Y  O  G  K
P  I  W  Y  Z  Q  Z  Z  Y  P  P  T  Y  U  R
```

S R O A A V I O K C D F E P G

V S R S R M L G S A P Q E H B

S A B C U R A W T R J J L F P

U P W W L J N M L T U N A B X

C A S S I D Y K L E I N I F I

J E Z H F T X J L R R G R C E

R N R U X D K Z R C R P A T S

R K D I I T V V H R T E S J R

Y A V F F E W D G U X F Y O G

Q I M H N A E C J I L O U Z S

V E T T B C D N G S B U O X T

U L U Y W C Y A O E C Q A K T

K R P G U S N A J V U Z X O P

A V X K C A M Y T S I R H C K

Y K K J V Q G G Y G Y A O F Z

W V E S Y L G C I X H A S V A

U E M Q A N C K F S R L Z Z U

Y K K R Y Q V C H Q A A V H D

K L E I O V A L E N T I E N R

H H P M I T J Z U L S I O W E

V P V Z B K S B V K A E P T Y

Z N N H O G F A E W L J S M B

N H I T M F M M L T E H R P I

B S V L F O M K P Y L C Y I T

O F W F O A Q P F A L Y Y K O

A P I V L I E E K G O U T D N

O Z N E B I K K I N C F W K I

A K I P E U V C Q W R V D P Z

P G Z R C M X L H S X Q Q G B

H J C B A H B H L C U A S D L

S Q S L A E L A C I N O R E V

L J A N G I H D B V H U N J N

L N B Q E Q M S D G T O U J I

I H R B H E R Z T W L Z F A C

P Q I F G W U K J E L K K H M

Y E N T L Q E Q M L K S R J X

L D A U S K H A Y I E I Z U G

L I S B F K E X O R S O H P F

O H P C L M H Q S T R Y E B H

M V I S A A A H Y B Y A Q P X

F L C J F Q N M N D F B M I L

E R E G U F A P N D Y L J Q L

B H P L S R S S J J Q P X K X

Q M Q L K X P D U J P X C Q N

M A M S L P D Y T Q N S C U M

I L I B O N A I H T A K G S W

U H E T W C T B C C Y I F A V

M E R F H L I F R C S W H M U

Z Q X M S Q P J F E V F L O R

N L D Q L J H P L Q B W Y T I

X S Y Q U C P L Q F T N A A S

I P C R R U E M Z S O A V X Y

C L J J A P Y P D S R M W E V

J K G F A H Q N R N A Z P L I

U F N L B H S E P S O Z L A T

B T M O H T G A Y N E E Q O U

F E E H U A Z G I A P A I G E

R X F X N H F T D C F T M E V

A N X I L B F M S N Y H I L X

T O G H B N R U A D K L Y Y S

I A U V E N F C Y E S I U S U

X L V S W X E S X E W M Q X A

X U O I F F U Y N L Y P Q Q I

O Q C P U F C Y C N W N S W R

A L X X S K F F M A N P Y R D

U V C S L E R E V R K G K K B

J H P J B G V O B I M Z W W I

Y T G G B Y I A B E T R Y G I

Q B X J S N U N N K N T M M K

Z I J Q T X E W K A H M W Y I

O J J G O M X K D X D Q M B S

O U J M N S P D S R F U I G N

F K H O T B T K U Q I S V S R

M P Q O Z Q X R E U L G C M I

S K N A B A N A I R B F S L N

I A U V E N F C Y E S I U S U

X L V S W X E S X E W M Q X A

X U O I F F U Y N L Y P Q Q I

O Q C P U F C Y C N W N S W R

A L X X S K F F M A N P Y R D

U V C S L E R E V R K G K K B

J H P J B G V O B I M Z W W I

Y T G G B Y I A B E T R Y G I

Q B X J S N U N N K N T M M K

Z I J Q T X E W K A H M W Y I

O J J G O M X K D X D Q M B S

O U J M N S P D S R F U I G N

F K H O T B T K U Q I S V S R

M P Q O Z Q X R E U L G C M I

S K N A B A N A I R B F S L N

W D M D H D Q D G V B S C U S

D S E D E W S A M U P W T R O

N I C K E Y H U N T S M A N V

G N J A P D L M B T I H B Y E

M E K H R M L K L S E C C Y R

D F A U H L C I H P P N Q L E

P A W Z Q A I A W M I O Z Y I

H R O R C T C T I E L P Z O G

D N J D Q R M E S W N E H A N

Y N S Q O V Y H K C E A C N S

X D C S H S V C J L A C J A Y

K D S S J C V I P O K N F L R

V O Z P Z G P W D G P D D U E

Y Q Z R K G H K T Z E T S A K

K A L V N R P A V G U G E J L

```
D L O R R K B R M V I L Q R I
V C U L T M N F N J R E N N Z
F G N C N K K H S H N O Y S N
C X K H Y R V A H H D L T H X
W B H J I D N X Z J L U A P J
Y J L N V V O U F E Q L F T L
A Y F K I P T L K M G U P L N
Z E Y P F M A E L O Z F Z M E
E T P S F Z N D R O I D Z F E
J Y O Q V I N L L E J J O S N
U Q I C L C D X F G H X L H L
C E M E K A T J A K A S S I N
X T S L I R W Y Q X I A Y K Q
Z O S G B A T W D H X X T M I
J Y X I D T H H H J I M U X Q
```

H P H X S E I R C K V D A Y P

T U D Y H N U I L G L V D I C

U U B F U Z A Q A Q L C N E O

T T A P C R L X D T D I S A M

W R R E Y D M M I D K H J W J

I T E S H Q W C V U A E H K V

Z I Z D J A P M O J P H G T N

M E S V A F H O H W F T Q W I

M K B P N J K D C Q A C H U N

S I J I A K S J A K S O Y J X

X I I I O D I L N K A K O R K

X Q D A D V V W E J B T S F M

P Y N M D K G N H W Q D M Q Y

I U W F K M Z E R K E F W S C

L Y J M L F X C X G B J E K O

M H U C F I L Y O S B L H J K

L E W B O N E W Y H F A T E D

G W R N M I Q D J T P Y Z D I

J H Q C R A N R Q I G L J P S

O G V S E E W W U S M A M S X

K O I U Y D Q H B Z Z L O H E

A D Z C I E E W J L H O P G Z

I T O E E G U S A D G N I V K

H L Z B S Q B P C C Z D X N Y

E O E B S P M I P A Z O H Z O

I R R E P R E P I P R N K C P

S H V P O L J G C S O R C M V

I M Q W A H O J E F B H E E X

Y X R R E Y T F J B S V O R P

V O J M Q Y A L G T A N Z A A

Y L E L U L O V E F Y O G X V

O L S C X Y W T J G G E R N W

B A L X J G O C J O Z Y V I R

Q J O I O T V C K F S P N R J

X E X U E X L T W K F I T B A

R O U D Z R X F O Q G E M Y X

N G R C S M O O T Z U B R E H

B E Z Y W T R Y M Y N A J L I

I Z M F D B G T D L W F X R D

J E T S Y S D C D D K O N A F

F H C E M W D F B I A J E M X

D I B J D B W H Z X K M M L X

P B R S T F M O O C D Y O P I

A F H E T A A Z K W J J J Z E

T Z A R O Y L W U W W E I D V

P F O K V P L V Q E X Y M Y M
O V E Q V W N G E R X B E E G
Z P H Q X V V O O W C B L T R
Y R F V C S U K N B B M A I U
F Y F U X E D N J Z I L N H K
U Y W O X A U U U W E U I W G
E M U W S Z H R Q X Q F E O L
S H W X I W G R I V H L H G V
N A T A S H A S T A R R I I G
M Q P H P V B I E W K R C D I
F J A U K R H G J H H Q K N L
N F B S I I H N N O U T S I Z
K C A L B L I L E A R A B F A
C V L H R M S U Y J X P O U I
Q A B T A F R K P X M T R Q V

E R E Y O A B B K A N L E B D
I T W P H T D G F S O R C C N
Q V N P P G U R S T Y L I A P
P I A E Z O H Y B B G V R I A
C L V R I R E J G U U O P H J
C V C I I L E G L O Q L N F N
H B V P S D A P U K P W E O H
K E N D C P E C B J A K T L E
B A K B I H R J N Q P H S R O
K N I V T E I O K E V L R D V
G L Q A G L R Y V P M T I C C
R I N N U X S D X B G R K B W
G E O L I L Y A D A M S A K D
L V H K W Q X Q C H X S W C I
E B S N Q X P R D W T P O E A

V O S J Y P G H I T E M E D R

X U I A V E Z X L G W V U E R

C W L M Y Y C O V Y R R G X J

Q L W V U A V R P T L E O X T

Y M Z L A E S Y V W R S R O R

K I N S I A X O E J L D N G T

N O L S A K C X N Q G O E G L

L J S Q X F V I O T G D B U

O E T K R I G O N L M M I A X

J U X W E T X P B O D X A K H

V A Q D Z S K L F V R T H P I

X M O L L Y J A N E P E S C Z

R I B X U N D E X U R X V C D

I J E S N L F D A U T Y I W B

W K K J I X G U N N I B I J Y

K H A L B Y F X T I G Q T H J

C O L B R V U G Y I T E D S M

R L T Y T I E J V G A K S U G

U L P O G G C J N A S U M F

M Y N C Z L Y Y N E Z Z U P J

P G P E P C T A R C C F S J Y

W I R D E W T X X U N B U I I

P B O F O R P R P H X Y K J H

H B N U U Z N H Q N D U T E F

J O I M V E Z N U D R U L Z S

U N P C F S A F T S M P V E B

F S W I B E L R Y V W S L U T

R W Z F S S Q V K M C E E U M

E N O T S Y T S I M P M O Q B

P U L L I G J X L Q F Q R V C

J U A Y N M R M C Y A X S X Z

D G Z R Q E O E T O D E I O L

L C W E U Y C F D I D N D F H

C Z W E H A C E K O D L J H X

Z U K Z P N O M H I Z D N A F

Y E B T D G S R C B J Q U N M

H R R Y R L I A Z Q C A W N J

A V T D T K F Y W O H A W A Z

V F X J K L F K L Q Z M A V W

S F G I O E R G T O U A T A S

Y S N W H K E G W V Y K S S S

F C E K P C D H J G X W V D J

B R A N L E I G H R A V E N R

R E G N A R G Y M M I K A R F

Q C S L F S A E D C A D R L B

E Y W W Q G A R X V S S O T L

K E I A D Y C K N I K D W T C

H E T E U U Z Q G W J X T N O

K X N O M T V Y V J F E H R Q

G Z L D U M M T S Q E M G S Z

O E Z K R X O V G W O E K F P

O X I W D A J O S P Y L I Q D

Z J U H Y G J A M X F Q U W Y

W D Q E R K I A L R Z J C C W

Q R Q S B R B G M Y T T N H O

D J F N O E S W V E O T I W O

S W G T O M O K Q V S Z E O Q

F W C T O C I W U Y P E X J D

O I X E V B E L L R I N G E R

V K C G H E G U C U O R E M X

T V T N U Q T P S Y C X N V J

E N A K Y L R E B M I K A P L

S O L A Z O L A N U U B R Z H

N P H N K I G I Y W H P O Z I

G G I W K Y L R P L J X M H D

C J F L U F A D S K I C Y G O

Q A Z A D N S Y F V B T S J T

J D U E I E T X A L M G S O I

K Y D L R P R E K D N T I A U

O V A L V R V E N Q K N R Y Y

Z K N B M W U A C Q J O C C O

R P C I C L N N J I C H B M A

I B N A Z E B Y Y F L J D I R

I H Y A H T V T F V F A A H I

O H N S W P P X C L I Z J R Y

E W O W R Z Q A M Y J S L E T
F V O J B A I H D W A T I R S
I L A O T W T A S L B C L F U
W T N L G T D S I Q R N U Z L
W W M T O A G B E Z N W M K L
U N V S I V E R H T B O O M A
R V V G E I I G A J S O O V T
G D G D M I J A R W S E N V S
R A X E K P N U W F X G L T Y
A K O M I R A S U N S E T E R
H N K Y C C N B N Q R S M E C
F X W K L S F N A G W U P T C
D P U X E O A G J J U U N X K
K L A K J Z R C N A F L V H D
C E Q W R J K Z N I F Q J R V

Q O E K X I I S F V Q S T R X

W T O M D Y L X I Z U X X D C

H X M R I T F V W G J V A A V

V A S E R L Y Z O M G F O N B

I V L N X W Y K V B G W I I A

Z R V W O W J W F Y I B E K E

K E L L Y M A D I S O N P A Q

L J F Z V F F E G L S Q G M Q

H I U G Q R V T I I L C K O A

E S A H C Y R O C F Z I J R F

W R S A G M Q P S O L C S I J

G U A U J N B M J N H E F A I

U H J S T J S M J A B J A V H

R P I S W Z S E A B A T B V Y

P U Z N E I P C K W R E M Z E

B V B S F Y X T M H Y V A T U

N D Z I O G O G A E P C Y O M

S O P J Y A X W V E E Z D E E

N I T K F I K B I R X B H Z O

R E I S L I N S D S W N A K B

J N W U A U M S I L B O B S R

O P O Z N E N L N B L M T X U

V O Z G P I E G I F Y S G L X

X S D W S N Y L M O N U N X H

G E G A V L L V L C Z B R S O

C O S L O U V X Q E I X Q V C

W I G P Y E F K W V O I G Y Q

K W X L X W V G C P T N K D I

K D L K J U U L L O Y U W T X

N I Z A E N B U E V O N J G L